AF138913

Pimp Your Exhibition – Erfolgreich auf Messen

Hans-Peter Albrecht
Key-Competence-Coach

Hans-Peter Albrecht. Jg. 1959

Als Partner von

gibt er seit 1996 seine praxiserprobten Berufs-
erfahrungen als Referent und Management-
Trainer weiter. Information und Kontakt unter

albrecht@premiumseminare.de
www.premiumseminare.de

Bibliografische Information der Deutschen
Nationalbibliothek: Die Deutsche National-bibliothek
verzeichnet diese Publikation in der Deutschen
Nationalbibliografie; detaillierte bibliografische Daten
sind im Internet über www.dnb.de abrufbar.

„Herstellung und Verlag:
BoD – Books on Demand, Norderstedt"
ISBN 9 783735 792402

Pimp Your Exhibition -

Erfolgreich auf Messen

Inhalt

Vorwort..7

Einführung 8

Ausgangslage 10

Bedeutung von Messen 11

Erwartungen der Messebesucher......13

Messeziele 14

Zielgruppe..16

Messebesucher 18

In Erinnerung zu bleiben......................19

Werbeartikel/Give-aways 20

Gadget 22

QR Code 23

Gimmick 24

Messebesucher = Interessent 25

Visitenkarte 26

Interessenten kontaktieren 27

Kontaktbogen 28

Aktionen 31

Messebesucher = Kunde 33

Kundeneinladung 33

Wunschkundeneinladung 35

Stammkundeneinladung 36

Presse 37

Messe-Team 38

Kundenberater 40

Promotor und Host/ess 41

Dolmetscher 44

Kompetentes, selbstbewusstes Auftreten 44

Erster Eindruck 46

Fachwissen 49

Nichtwissen 51

Kleidung 52

Gestik 54

Mimik 56

Stimme 57

Blickkontakt 59

Distanzzonen 60

Fehler bei der Körpersprache 61

Namensschild..63

Rahmenbedingungen schaffen 64

Einsatzplan 65

Abschreckende Verhaltensweisen........................66

Kommunikation 68

Präzise Formulierungen................................69

Kontaktaufnahme 70

Gesprächsleitfaden......................................71

Offene weiterführende Fragen............................74

Geschlossene Entscheidungsfragen 75

Produktpräsentation 75

Unzufriedene Kunden 76

Dominante Kunden......................................78

Sachorientierte Kunden 79

Besserwisser, Nörgler 80

Unterhalter 80

Unentschlossene, wortkarge Kunden 81

Beziehungsorientierte Kunden 82

Nachbearbeitung..83

Messeanalyse 86

Zugabe 89

Kontaktbogen 90

Messetraining 93

Gesprächsphasen 95

Fragen – die weiterhelfen! 96

Rhetorische Kompetenz 99

Kaufmotive 100

Ziele 104

Beschwerden 105

PremiumSeminare 106

Vorwort

Es ist sehr unwahrscheinlich, dass Sie mit Ihren Messeauftritten rundum zufrieden sind. Das Gefühl aus den Tagen auf einer Messe mehr herausholen zu können oder die hohen Kosten in besseren Einklang zum Ergebnis zu bringen, ist nicht nur temporär vorhanden. Dieses Buch beleuchtet die Aspekte einer Messe, wie mit guter Planung aus Kundenkontakten eine Geschäftsbeziehung resultiert.

Erfahrung, Ideen und Einflüsse von vielen sind verarbeitet, auch wenn letztlich nur ein Autor genannt ist. Es beginnt bei der Verantwortlichkeit für die Planung und Durchführung von erfolgreichen Messen, über die vielen Seminarteilnehmer, die mich in den Trainings an ihren Erfahrungen teilhaben ließen und bestätigten was in der Praxis funktioniert. Dafür vielen Dank! Aber auch die offenen und ehrlichen Gespräche auf und nach Messen mit den verantwortlichen Damen und Herren über die gelungene Durchführung und zukünftige Verbesserungen sind eingeflossen.

Dieses Buch soll Ihrer Neugier gerecht werden. In kurzer und konkreter Form, wurden Tipps und Anregungen zusammengestellt.

Sie sollen ab sofort mit Ihrer Messeteilnahme zufrieden sein, da Sie ihre Ziele erreichen.

München, 2014   Hans-Peter Albrecht

" *Messe = Eine wertvolle Zeitverschwendung!*
Les Levine (*1935), amerik. Konzept- u. Medienkünstler; Konsumkritiker

Damit Ihre Ausstellung/Messe nicht zur Zeitverschwendung wird, sollten Sie Ihre Erwartungen
definieren!

Erfolg ist planbar!

Eine Messe als Austeller zu belegen hat sicher eine
herausragende Bedeutung.

Bietet es doch die Möglichkeit seine Produkte
und/oder Dienstleistungen einem breiten Publikum
zu präsentieren.

Der damit verbundene hohe Kostenaufwand
rechtfertigt sich, wenn entsprechende Ziele definiert
und auch umgesetzt werden.

In diesem Buch betrachten wir den B2B / B2C
Bereich, also die Beziehung vom Anbieter zum
potentiellen Kunden.

Messeauftritte mit kleinen oder großen Ständen
dienen sicher der Imagepflege, aber letztlich sollen

bestehende Kunden ausgebaut und neue Kunden geworben werden.

Es wird viel Geld und Energie in das Design des Messestandes investiert, um die Präsentation der Produkte oder Dienstleistungen optimal zu gestalten. Zusätzlich entsteht meist auch eine Wohlfühloase für Ihre Kunden und Gäste.

Der Messestand gelingt sicher in den allermeisten Fällen, aber sind bei Messeende die gesetzten Ziele erreicht worden?

Genau das Ziel aus

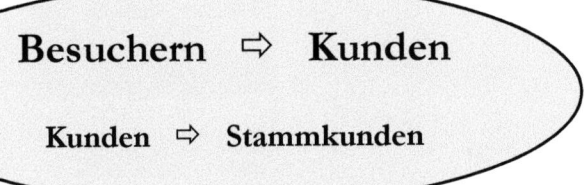

Besuchern ⇨ **Kunden**

Kunden ⇨ **Stammkunden**

zu machen, wird in diesem Buch dargelegt.

Ausgangslage

Nach den aktuellsten Untersuchungen beantworten die Aussteller die Frage nach den Messezielen wie folgt:

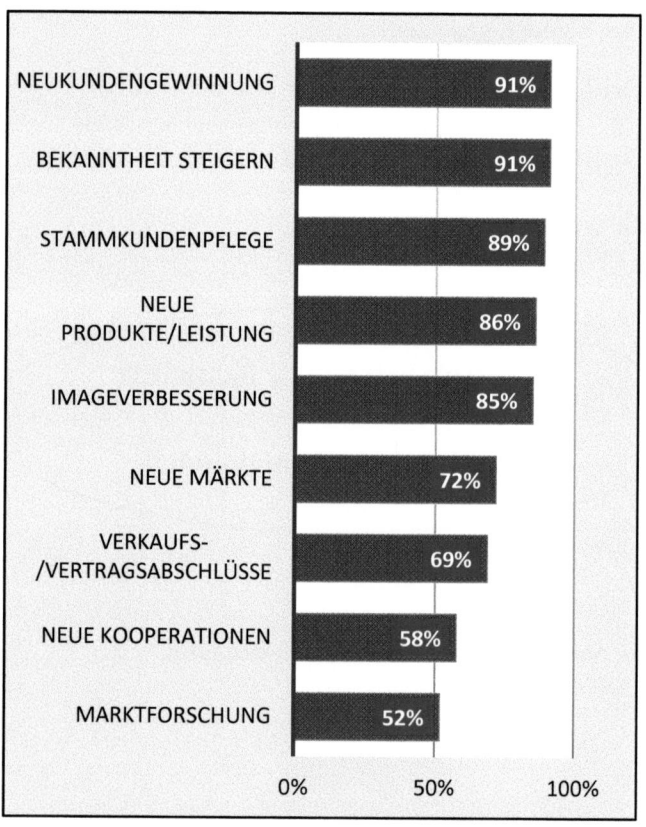

Die pauschalen Messeziele sind vorhanden, die

qualitativen und vor allem quantitativen Ziele

für Ihr Unternehmen müssen Sie planen,
kommunizieren und umsetzen!

Bedeutung von Messen

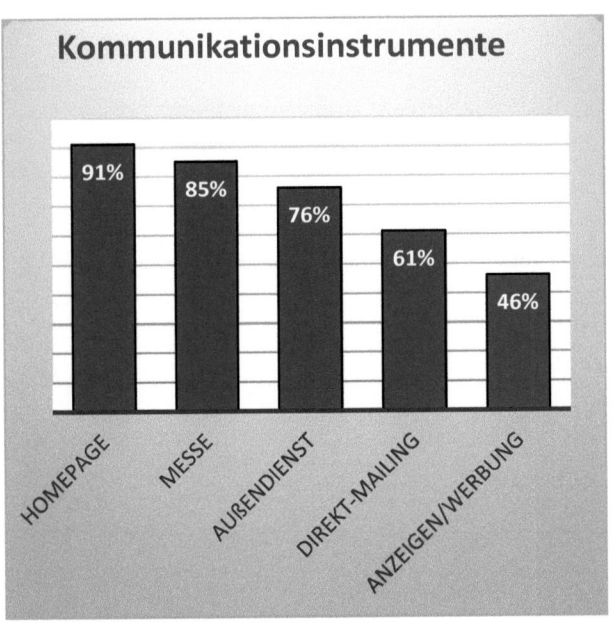

Im digitalen Zeitalter hat die Messe immer noch Ihre Daseinsberechtigung.

Im Gegenteil, die letzten Jahre konnte ein Anstieg der Messeumsätze in allen Bereichen verzeichnet werden.

Durch den Vorteil eines direkten Kontakts mit den Besuchern und der sofort möglichen Kommunikation, steht die Teilnahme an einer Messe an zweiter Stelle in der Hierarchie der Kommunikationsinstrumente.

Trotzdem wird die Kosten-Nutzen-Relation von fast 60% der Aussteller als sehr hohe Belastung gesehen. Dies ist für ca. 15% der Grund eine zukünftige Messeteilnahme in Frage zu stellen.
Darum sollten Sie Ihre Erwartungen genau definieren und mit den geeigneten Maßnahmen umsetzen, um diese auch zu erfüllen.
Eine Steigerung Ihres Erfolges ist machbar. Nutzen Sie effizient die Möglichkeiten einer Messe!

- ➢ So nah kommen Sie Ihren potentiellen Kunden sonst nicht!
- ➢ Aktivieren Sie Ihre bestehenden Kunden zum Messebesuch!
- ➢ Setzen Sie Ihren Focus auf quantitative Ziele!
- ➢ Berücksichtigen Sie auch qualitative Ziele

Erwartungen der Messebesucher

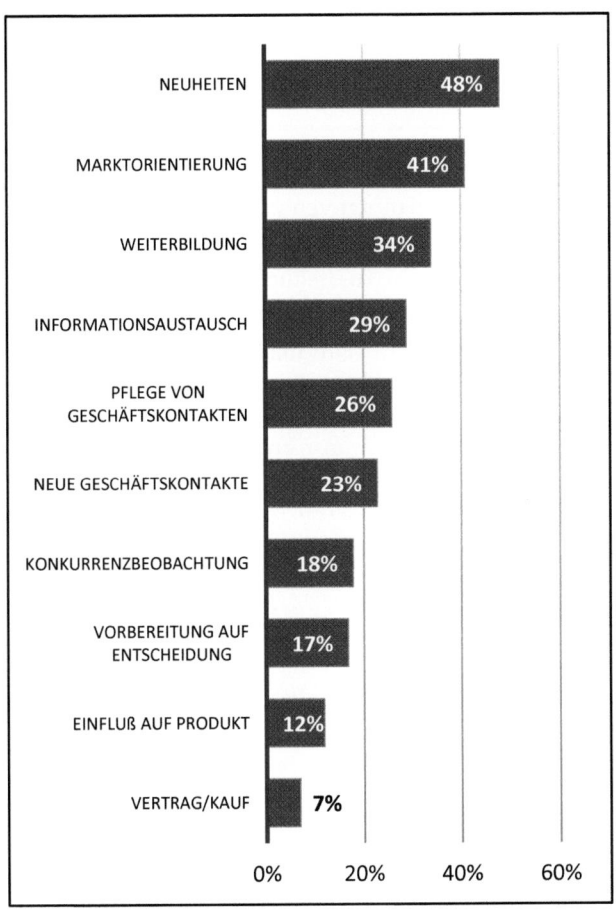

Beachtenswert ist hier die Aussage, dass nur 7% der
Messebesucher einen Kauf- oder Vertragsabschluss
planen. Also sind noch 93% unentschlossen und
somit Ihre potentiellen Kunden.

Messeziele

Erstellen Sie die quantitativen und qualitativen
Messeziele in Zusammenarbeit mit dem Team,
welches während der Ausstellung Ihr Unternehmen
repräsentiert. Die Identifizierung mit Zielen erfolgt
grundsätzlich leichter, wenn man bei der Ziel-Findung
und der Ziel-Definition involviert ist.

Formulieren Sie konkrete Messeziele!

Nur mit konkreter Maßnahmenplanung kommt man
zu realistischer Zielplanung und nur konkret
vereinbarte Maßnahmen sind überprüfbar.

Folgende Grundregeln sollten Sie beachten:

1. Zeit nehmen für Zielvereinbarung und Zielformulierung.

Alle aus Gründen der Zeitersparnis unterlassenen
Konkretisierungen verursachen in der Folge weiteren
Klärungsbedarf.

2. Realistische Ziele formulieren

Nur Ziele, die im Messezeitraum erreichbar sind, sorgen für das erforderliche Engagement. Ziele durch die Messenacharbeit(z.B. Angebote, Abschlüsse) müssen auch als solche definiert werden.

3. Positive Ziele formulieren

Beschreiben, was erfolgen soll – und nicht das, was nicht mehr geschehen soll.

4. Herausfordernde Ziele formulieren

Anspruchsvolle Ziele, die nur mit Anstrengungen und einer Prise Einfallsreichtum zu erreichen sind, motivieren besonders stark.

5. Zwischenziele formulieren

Das Aufteilen der Messeziele auf die einzelnen Tage als Zwischenziele, erleichtert die Kontrolle und sorgt für Erfolgserlebnisse des Messeteams.

6. Ziele mit Prioritäten versehen

Es muss jedem am Messestand klar sein, ob die Aufträge bzw. das Auftragsvolumen Priorität haben oder die Anzahl der Neukontakte wichtigstes Ziel sind.

Zielvereinbarungen kann und soll man auf einer
Messe täglich kontrollieren und die entsprechenden
Maßnahmen besprechen.

Zielgruppe

Die Frage nach der Zielgruppe, bzw. den potentiellen
Kunden hat oberste Priorität. Sie stützt sich auf eine
Marktanalyse, der für Ihr Angebot wichtigen
Merkmale. Mit der Definition der Kriterien grenzen
Sie automatisch Ihre Zielgruppe ein. Damit können
Sie Marketingmaßnahmen und Argumentationen
zielgruppengerecht aufbereiten.

Beispiele:

o   *Zielgruppe über 50, gehobenes Einkommen,*

   Gartenbesitzer, qualitätsbewusst.

o   *Zielgruppe mittelständiges Unternehmen,*

   konzernunabhängig, 100 – 300 Mitarbeiter, bis 30

   Mio. Umsatz, Marktanteil bis 10%, ein Standort.

Zielgruppenmerkmale(Beispiele):

B2C-Markt

- demografische Merkmale (Alter, Geschlecht, Familienstatus, Wohnort usw.)
- sozioökonomische Merkmale (Bildungsstand, Gehalt, Beruf usw.)
- psychografische Merkmale (Einstellung, Motivation, Meinung usw.)
- Kaufverhalten (Preissensibilität, Kaufreichweite usw.)

B2B-Markt
- organisatorische Merkmale (Unternehmensgröße, -standort, Marktanteil usw.)
- ökonomische Merkmale (Finanzen, Liquidität, Bestände usw.)
- Kaufverhalten des Unternehmens (Lieferantentreue, Kaufzeitpunkt usw.)

- personenbezogene Merkmale oder
  Charakteristika der Entscheidungsträger
  (Informationssammler, besteht Zeitdruck,
  Innovationsfreudig usw.)

Messebesucher

Fast jeder Interessent könnte ein potentieller Kunde
werden. Da wie in oben gezeigter Statistik gezeigt, die
Besucher sehr stark an Information und weniger an
Auftragsvergabe interessiert sind, benötigen wir eine
Möglichkeit, um in Erinnerung zu bleiben bzw.
Kontakt zu halten.
Wenn es nicht gelingt, den Interessenten am
Messestand bereits zu binden, wird die Kauf- oder
Vertragsentscheidung nach der Messe fallen.

Bei jedem interessierten Standbesucher sollte die
Erfassung der persönlichen Daten und weiterer
wichtiger Kriterien, oberste Priorität erhalten, um
Kontakt zu halten. Durch gezielte Fragen können die
Kundenbedürfnisse eingegrenzt werden(siehe
Kontaktbogen).

Da leider nicht immer, mit jedem Messebesucher ein Gespräch geführt werden kann, wollen wir in Erinnerung bleiben.

Flyer, Kataloge und Angebote zu verteilen auf der Anbieterseite, zu sammeln auf der Anwenderseite, ist zwar nach wie vor üblich, aber hier müssen Sie auf eine Kundenreaktion hoffen.

Versuchen Sie, ein wenig anders zu sein in der Kommunikation mit dem Messebesucher. Dies kann in der Ansprache der Kunden, in der Aufmachung der Unterlagen oder durch ein Give-away umgesetzt werden. In der Folge wird auf die verschiedenen Möglichkeiten eingegangen.

In Erinnerung zu bleiben

Produkte und Dienstleistungen sind sich heute sehr ähnlich. Nuancen machen oft den Unterschied bzw. eine Spezialisierung in bestimmten Bereichen. Auf einer Messe macht zuallererst Ihre Standbesetzung den Unterschied! Die aktiven Personen machen hier den Markterfolg aus.

*" Man kauft Dinge die man braucht, bei
Menschen die man mag!*

Der besondere Kontakt mit einer Dame oder einem
Herren, der freundlich, kompetent und mit Stil im
Messetrouble erfolgt, bleibt in Erinnerung.

Mit einem sympathischen Auftritt

> ➤ bleiben Sie im Gedächtnis!
>
> ➤ nimmt man Ihre Unterlagen nochmals zur
>   Hand!
>
> ➤ sucht man die Kontaktadresse!
>
> ➤ gibt man seine Kontaktdaten weiter!

Werbeartikel/Give-aways

Werbemittel sind nützliche Helfer. Dabei spielt es
keine Rolle, ob das Geschenk kostspielig war.
Überzeugen Sie mit einem Artikel, der originell und
Zielgruppenorientiert ist.

Mit einem passend ausgewählten Werbemittel, können Sie Ihr Unternehmen nachhaltig im Gedächtnis Ihres Kunden verankern.
Wichtig ist hier natürlich die richtige Idee!
Sonst laufen Sie Gefahr in der Menge unterzugehen.

Machen Sie sich Gedanken, welche Zielgruppe Sie ansprechen wollen. Ihre potentiellen Kunden zu definieren, ist die Basis jeder Entscheidung.
Wenn Sie Ihre Zielgruppe kennen, lassen sich deren Bedürfnisse festlegen. Nur so können Sie das große Angebot an Werbemitteln eingrenzen und eine sinnvolle Auswahl treffen.

Beispiel:

- Ein Stofftier mit Ihren Farben und assoziierbaren Wesenseigenschaften (Zebra: Beweglichkeit; Individualität; Gruppenorganisation! Eichhörnchen: Schätze finden; sammeln; für die Zukunft vorsorgen) bietet eine hervorragende Kommunikationsbasis. Die Exklusivität bringt ein Alleinstellungsmerkmal und reizt die Sammelleidenschaft.

Wichtig:

- ➢ Branding der Werbemittel

- ➢ Größe des Corporate Design
- ➢ mittel- bis langfristiger Nutzen
- ➢ Funktionalität

Gadget

Der Duden definiert Gadget als kleinen, raffinierten technischen Gegenstand.

Dieser Schnickschnack mit bisher so nicht bekannter Funktionalität und/oder besonderem Design ist traditionellerweise klein und handlich und zum Mitführen konzipiert. Eine große Rolle spielt der Spaßfaktor eines Gadgets. Geräte, die sich als Gadget definieren, sind oft Grenzgänger zwischen sinnvoller Funktionalität und Verspieltheit.

Mit diesem Werbemittel erzielen Sie in der Regel einen hohen Überraschungswert.

Beispiel:

- Eine externe Batterie für ein Smartphone. Schick in einer kleinen Tasche mit Ihrem Branding. Durch entsprechende Adapter für alle Smartphone-Modelle nutzbar.

- Ein Fitness-Armband, das Schritte, Kalorien, Laufentfernungen und Schlafphasen im Auge behält – und Bescheid sagt, wenn man mal wieder den Hintern hoch kriegen sollte!

Wichtig:

- ➢ Branding der Werbemittel
- ➢ Größe des Corporate Design
- ➢ mittel- bis langfristiger Nutzen
- ➢ Funktionalität

QR Code

Der QR-Code (*Quick Response*) ist ein zwei-dimensionaler Code, der von der japanischen Firma Denso Wave im Jahr 1994 entwickelt wurde. Dieser und die Weiterentwicklungen wie Design-QR-Codes oder Custom-QR-Codes bieten die Möglichkeit, bei Anbringung auf allen Unterlagen/Werbemitteln, durch das Scannen mit dem Smartphone Ihre

Kontaktdaten

- Home-Page

- Text

- Email etc.

dem Kunden zur
Verfügung zu stellen. (Der Anteil von Smartphones
bei Mobiltelefonen liegt bei über 50%, Anteil
steigend).

Ein sehr guter Weg, da einfachste Handhabung für
den Interessenten.

*Die Verwendung des einfachen QR-Codes ist lizenz- und
kostenfrei!*

Gimmick

Ein Gimmick ist ein lustiges oder sonst attraktives
Werbegeschenk von geringem materiellem Wert. Hier
ist der Nutzen in Frage zu stellen. Der Kugelschreiber, das Feuerzeug oder das Schlüsselband sind
zwar geliebte Artikel, aber kaum mit nachträglicher
oder nachhaltiger Wirkung.

Besseres Beispiel:
Die schicke Trage- oder Umhängetasche aus Papier
für die Messebesucher. Zum Sammeln aller
Unterlagen heiß begehrt, wird gleichzeitig Ihr Logo
oder Ihre Botschaft über die Messe getragen!

Die Grenze zwischen Gimmick und Give-Away liegt
nur im Kosteneinsatz für den jeweiligen Artikel.

> *Teilen Sie Ihr Budget auf, um an Stammkunden,*
> *Kunden und Interessenten Produkte mit*
> *„Wertigkeit" oder Streuartikel verteilen zu*
> *können!*

Messebesucher = Interessent

Sollten nicht Sie, als Anbieter auch den aktiven Part
übernehmen?
Sprechen Sie mit jedem interessierten Messebesucher?
Wie unterscheiden Sie den Neugierigen vom
potentiellen Kunden?
Sie statten den potentiellen Kunden mit seinen
gewünschten Informationen aus und lassen Ihn
wieder ziehen?

Führen Sie ein kurzes Gespräch bei Übergabe der Unterlagen und prüfen Sie die Übereinstimmung mit Ihrer Zielgruppe!

Durch offene weiterführende Fragen schaffen Sie es, vom Interessenten alle Ihnen wichtigen Daten zu bekommen!

Einige Aussteller gehen bereits dazu über, keine Unterlagen mehr auf der Messe zu verteilen. Diese werden nach sammeln der Visitenkarten im Anschluss an die Messe verschickt oder gemailt. Besser ist die Aufnahme der Interessenten-Daten in einem Kontaktbogen, für eine hochwertige Aussage-Qualität.

Visitenkarte

Die Visitenkarten Ihrer Messebesucher einzusammeln ist ein Weg um Kundendaten zu sammeln. Eine kurze Notiz auf dieser Karte ist möglich, aber ein wenig mehr Information sollte schon sein!

Selbstverständlich tauschen Sie die Visitenkarte mit dem Messebesucher, aber diese sollte Basis sein für einen Kontaktbogen. Sie können nicht erwarten, dass sich der Besucher bei Ihnen meldet.

Die Bitte an den Interessenten, nach Übergabe der Visitenkarte, um weiterer Informationen, zeugt von Interesse am Kunden. Nutzen Sie Ihre Zielgruppendefinition, um die für Sie wichtigen Daten zu erfragen. Die beste Gelegenheit den neugierigen Besucher vom potentiellen Kunden zu unterscheiden.

Interessenten kontaktieren

Sie suchen also das Gespräch mit dem Interessenten am Messestand. Die Erfassung aller für Sie wichtigen Daten ist der logische zweite Schritt, um zukünftig Kontakt zu halten.

Im Vorfeld wurde die Erfassung mit Hilfe von Listen, Dateien oder Kontaktbögen geplant und bereitgestellt.

Nutzen Sie diese Daten!

Senden Sie im Anschluss an die Messe Ihre Flyer/Unterlagen oder zumindest ein Dankesschreiben an den Interessenten. Nur ein Newsletter, wenn auch regelmäßig, ist nach einem Messekontakt zu unpersönlich.

Zeigen Sie wie wichtig Ihnen der Interessent ist, durch ein namentliches Anschreiben.

Bringen Sie sich positiv in Erinnerung und bedenken Sie auch den möglichen Multiplikator, wenn über Ihr Unternehmen positiv gesprochen wird.

Kontaktbogen

Bei jedem Messegespräch ein Datenblatt, den sogenannten Kontaktbogen auszufüllen ist richtig und notwendig.
Neben den allgemeinen Angaben, die man auch auf der Visitenkarte findet, sollten Sie die Hintergründe für das Interesse an Ihren Produkten oder Dienstleistungen erfragen.
Genauso wichtig ist es für Sie, zu erfahren ob der Interessent Ihre Zielgruppe repräsentiert und welche Entscheidungskompetenz Ihr Gesprächspartner hat.
Umso mehr Punkte sie hier erheben lassen, umso detaillierter können Sie reagieren und analysieren.

Bei der Auswertung der Kontaktbögen können Sie
Ihre gesetzten Ziele leicht überprüfen. Sowohl
quantitative, wie qualitative Ergebnisse lassen sich
belegen.

**Nutzen Sie die Kontaktbögen für einen
Wettbewerb unter Ihrem Standpersonal!**

**Motivieren Sie durch die Auslobung und
Prämierung von Tages- oder Messesiegern!**

Beispiel:

o   Anzahl Neukontakte

o   Anzahl Produktvorstellungen

o   Anzahl Aufträge

o   Kundenkontakte

o   Umsatz

o   Zusatzverkäufe

o   Anzahl Gesamt-Kontakte

o   Marktforschung – Befragung Kunden

Achtung:

> *Bedenken Sie die zeitweilige Hektik auf Messen.*

> *Reduzieren Sie Ihre Informationslust auf das wirklich Wichtige!*

> *Besser wenige, aber eine vollständige Datenerhebung!*

> *Strukturieren Sie in Soll- und Kann-Informationen*

Verlosung

Möchten Sie möglichst viele Kundendaten sammeln, planen Sie eine Verlosung. Natürlich setzen Sie einen Preis aus, der entsprechende Begehrlichkeiten weckt.

Im Idealfall sprechen Sie durch die Spezialisierung der Teilnahme oder des Preises, nur die für Sie wichtige Zielgruppe an. Dies kann der Verlosungsartikel sein, der nur für Fachleute interessant ist oder die Gewinnfrage, die entsprechendes Fachwissen voraussetzt.

Letztlich geht es um die Daten der Messebesucher. Durch eine entsprechend gestaltete Teilnahmekarte, können Sie die, für Sie wichtigen Informationen sammeln. Definieren Sie zu Name und Adresse auch Alter, Position, Firma, Produkteinsatz oder ähnliches.

Verteilen können Sie die Teilnahmekarten überall, aber sammeln Sie diese ausschließlich am Messestand in einer Teilnahmebox, um jeden Interessenten zu begrüßen.

Gewinnen können zwar nur wenige, aber ein anschließender Kontakt ist mit jedem Teilnehmer an der Verlosung möglich.

Achtung:

 ➢ *Informieren Sie sich über die rechtlichen Grundlagen eines Gewinnspiels.*

Aktionen

Ein probates Mittel um Messebesucher an den eigenen Stand zu locken ist „Aktion".

Wenn Sie eine Aktion planen, sollte diese ein klares Ziel verfolgen, nämlich, Ihr Produkt erlebbar zu machen und für Ihre Marke einen Wiedererkennungs-wert zu schaffen.

Ein Vortrag, eine Mitmach-Aktion oder eine Live-Produkt-Präsentation, alles ist möglich. Die Auswahl der Aktion sollten Sie unter dem Gesichtspunkt Ihrer Standgröße und damit der möglichen Ansprache von interessierten Besuchern planen.

Kündigen Sie Ihre Aktion durch detaillierte Zeitangaben bereits im Vorfeld an. Kunden sollten im Rahmen ihrer Einladung entsprechend informiert werden.

Beispiel:

- Eine Live-Produkt-Präsentation zu bestimmten Zeiten erhöht das Interesse und die Spannung!
- Ein Fachvortrag sollte erst Allgemeingültigkeit haben und so angekündigt werden, bevor Sie auf Ihre Produkte überleiten!

Wichtig:

- *Das Handout für Interessenten, versehen Sie mit Ihrem Logo!*
- *Jedem sofort weiter Interessierten, bieten Sie eine entsprechende Beratung an!*

Messebesucher = Kunde

Natürlich werden Sie Ihre Kunden auf die Messe einladen. Einen besseren Ort um Ihre Neuerungen sowie Ihr ganzes Portfolio an Produkten und/oder Dienstleistungen zu präsentieren gibt es nicht.

Die Aufmerksamkeit, die Pflege und die persönliche Vorstellung bei allen anwesenden Mitarbeitern, bringt Ihren Kunden eine wichtige und gewollte Wertschätzung entgegen.

Nutzen Sie die Messe-Atmosphäre um die Meinung Ihrer Kunden nicht nur über Neuprodukte, sondern auch über Firmenimage, Service, Mitarbeiter etc. zu erfragen. Erfassen Sie diese Aussagen akribisch, damit bei einer Zusammenfassung aller Antworten eine in Summe objektive Meinung vorliegt.

Kundeneinladung

Mit einem freundlichen Anschreiben auf die Messe einzuladen, ist das einfachste Mittel. Das Beilegen von Messekarten ist eine verbreitete Zugabe.

Denken Sie aber wirklich, eine Einladung mit kostenloser oder ermäßigter Messekarte aktiviert Kunden, nicht nur auf die Messe, sondern zu Ihnen an den Stand zu kommen?

Ein Zusatznutzen ist notwendig!

Beispiele:

- Neuprodukt

- Innovation

- Aktion

- Verlosung

- Vortrag

- Messerabatt

- Gadget

- Verkostung

- Musterverteilung

- Aufzeigen von Produktionsschritten

- Input für Entwicklungsabteilung

Diesen Zusatznutzen müssen Sie in Ihrer Kundeneinladung nicht nur ansprechen, sondern entsprechend Herausstellen und Ankündigen.

Dadurch ist ein Messebesuch für Ihren Kunden wichtig, wertvoll, notwendig und keine Zeitverschwendung!

Nutzen sie das Grundbedürfnis jedes Messebesuchers, nach Marktorientierung und Neuheiten.

Wunschkundeneinladung

Nutzen Sie die Messe doch, um sogenannte Wunschkunden einzuladen. Gemeint sind potentielle Kunden, die Sie klar definiert haben, aber noch nicht Ihre Produkte oder Dienstleistungen in Anspruch nehmen

Abseits vom Tagesgeschäft, ein wenig unverbindlicher, ohne Ablenkung für den Kunden, ist es einfacher seine Dienstleistung und/oder das Produkt zu präsentieren.

> *Legen Sie ganz besondere Aufmerksamkeit in die Ansprache oder das Anschreiben der Wunschkunden!*

Adressiert oder übergeben wird die Einladung immer persönlich an den Ansprechpartner bzw. Entscheider, nie allgemein an das Unternehmen.

Besonders hier sind die Personalisierung und das Aufzeigen vom Kunden-Nutzen und/oder Zusatznutzen sehr wichtig, damit die Einladung angenommen wird.

Stammkundeneinladung

Für Ihre Stammkunden sollten Sie ein personalisiertes Einladungsschreiben verfassen. Sie kennen die Personen, die Bedürfnisse und das Einkaufsverhalten. Sprechen Sie diese Eigenschaften gezielt an, um Ihre Stammkunden zu einem Besuch zu aktivieren.

Wichtig ist die Messeeinladung in schriftlicher Form. Diese sollte persönlich durch einen Außendienstmitarbeiter übergeben werden, aber wenn nicht möglich oder vorhanden, soll die Einladung zumindest durch einen telefonischen Kontakt angekündigt werden.

Stammkunden sind wichtig und wollen auch so behandelt werden!

Die Ankündigung eines Zusatznutzens gehört
natürlich auch hier dazu!

Versuchen Sie einen Termin zu fixieren, um für Ihren
Kunden Zeit zu haben bzw. um Verbindlichkeit zu
schaffen.

Bewährt hat sich das Anbieten, nicht von einem
Fixtermin, sondern von zwei alternativen Terminen,
dadurch ist eine Zusage einfacher zu bekommen.

Presse

Denken Sie bei den Einladungen auch an die
Pressevertreter. Im Rahmen von Messevorberichten
und Messenachberichten, ist ein auch noch so kurzer
Artikel wertvoll und nützlich.

In der Regel müssen Sie eine Werbeanzeige buchen,
um eine Berichterstattung zu bekommen. Vor und
nach Ausstellungen wird sehr breit über die Messe
und die Aussteller berichtet. Bei der Angebotsfülle
können Sie durch detaillierte Informationen punkten.
Nicht nur das Besondere ist Berichtens wert, sondern
auch leicht zugängliche und verständliche
Informationen und Fakten.

Erstellen Sie eine Pressemappe um alle Informationen über Ihr Unternehmen und Ihre Produkte/Dienstleistungen zu dokumentieren.

Versenden Sie diese Infos bereits im Vorfeld, mit der Einladung der Pressevertreter auf Ihren Stand, um Ihre Leistungen zu präsentieren.

Wenn Sie nicht im Messevorbericht erwähnt wurden, da noch Informationen fehlten oder für Laien evtl. missverständlich waren, gibt es noch die Chance auf eine Berichterstattung im Messenachbericht.

Messe-Team

Die Besetzung am Messestand wird nicht allein von Kundenberatern und Vertriebsmitarbeitern erfolgen. Back-Office, Produktion, Entwicklung, Marketing und sonstige Mitarbeiter sind sicher involviert.

Sie müssen daraus ein Team bilden! Ein Team zu sein heißt sich persönlich zu kennen, die jeweiligen Aufgaben- und Zuständigkeitsbereiche zu wissen und welche Verantwortungs- bzw. Entscheidungs-befugnisse gelten.

Neben dem spezifischen Fachwissen muss auch eine Teambildungsmaßnahme, als ein wesentlicher Punkt im Messetraining gesetzt werden!

Planen Sie einen entsprechenden Zeitrahmen noch vor Beginn der Messe, um die Fakten kommunizieren zu können und ein Kennenlernen möglich zu machen.

Nur wenn Akzeptanz und Sympathie untereinander herrscht, betrachtet man das Unterstützen von Kollegen als selbstverständlich! Dann steht das Gesamtinteresse vor dem Einzelinteresse!

Ziel ist die gegenseitige Motivation durch erkennbares und spürbares Engagement von jedem Einzelnen!

Kundenberater

Die Profis im Umgang mit Kunden. Die Begrüßung
der Stammkunden, durch die Ihren Kunden
bekannten Gesichter, ist ein Vorteil. Erste
Berührungsängste kommen gar nicht auf, da man sich
kennt.

Eine Messe verlangt aber auch von Profis andere
Vorgehensweisen. Die Voraussetzungen und
Rahmenbedingungen sind anders! Hier sind eine kurze
Smalltalk-Phase und eine Konzentration auf das
Messethema wichtig.

Sicher mühsam und fordernd, aber hier soll jeder
Interessent angesprochen werden, nicht die
Unterhaltung mit bestehenden Kunden in die Länge
gezogen werden. Eine Gratwanderung für die
Kundenberater, Gespräche kurz zu halten oder aktiv
zu beenden, aber bei entsprechender Sensibilisierung
umsetzbar.

Das schnelle Wechseln der Gesprächspartner und die
immer gleichen bzw. ähnlichen Argumente bedürfen
auch für den Außendienst höchste Motivation und
Konzentration.

> *Dem potentiellen Kunden oder Kunden immer das Gefühl geben, er steht im Mittelpunkt des Interesses, nichts ist wichtiger!*

Promotor und Host/ess

Als Unterstützung auf dem Messestand werden gerne Promotoren und Hostessen beschäftigt.

Promotor/in

Ihre Promoter sollten vor allem über ausgeprägte Soft Skills im Umgang mit Messebesuchern verfügen. Bei der Auswahl sind Extrovertiertheit, Empathie, Kommunikationsfreudigkeit und Spontanität sehr wichtig. Darüber hinaus sollte ein gepflegtes Aussehen selbstverständlich sein.

Fachliche Kenntnisse und die Teamaufgaben werden durch ein spezielles Messetraining vermittelt.

> *Die gesamte Standbesetzung muss ausnahmslos in der Lage sein, auf Besucherfragen kompetente Antworten zu geben!*

> *Auch der Promotor soll durch eine gute Fragestellung, einen potentiellen Kunden vom Neugierigen unterscheiden können!*

Erst bei speziellen Anfragen oder Konditionen sollte auf die zuständigen Kollegen verwiesen werden müssen.

In der Regel sind die Aufgaben der Promotoren auf das Verteilen von Produktproben, Flyern, Give-aways, die Durchführung von Gewinnspielen oder die Moderation von Aktionen beschränkt. Auf einer Messe ist der erweiterte qualifizierte Einsatz wichtig und notwendig.

Host/ess

Für die Host/ess gelten die gleichen persönlichen Anforderungen wie für die Promotoren. Als Betreuer/in von Ihren Messegästen, kümmern Sie sich meist um deren Bewirtung. Achten Sie bei aufwendigem Service auf Fachkräfte, damit alles leise, schnell und reibungslos verläuft.

Sehr gefragt ist auch hier, die Begabung zum Smalltalk.

Fachwissen für erste Auskünfte müssen dem Host/ess durch eine Schulung vermittelt werden. Denn auch eingeschränktes Wissen hilft für die erste Kontaktaufnahme bzw. zur Überbrückung von Wartezeiten.

> ***Jeder am Messestand repräsentiert in den Augen des Besuchers das Unternehmen!***

Oft gesehen sind attraktive junge Damen in freizügigen Outfits, besonders auf Auto- und Gastronomiemessen. Hier funktioniert diese Maßnahme sehr gut, um Kunden? (die dann nur Fotos machen) an den Stand zu locken, aber allgemein gilt:

> Je weniger spannend die Produkte oder Dienstleistungen, desto hübscher oder knapper angezogen sind die Hostessen!

Eine gute Idee ist, sogenannte VIP-Hosts/essen zu präsentieren. Durch diese Maßnahme können Sie Ihre Stammkunden aufwerten! Funktioniert gut mit entsprechenden räumlichen Möglichkeiten oder Raumkonzepten des Messestandes. Aber Vorsicht, die Abgrenzung zwischen den Kunden ist manchmal schwierig bzw. bringt Sie in Erklärungsnot.

Dolmetscher

Auf internationalen Fachmessen ist der Einsatz von Dolmetschern sinnvoll, um ausländische Kunden in ihrer Herkunftssprache über die Produkte oder Dienstleistungen zu informieren.

> **Sprachbarrieren sollten keine Geschäftskontakte verhindern!**

Allerdings soll auch das übrige Standpersonal fundierte Fremdsprachenkenntnisse besitzen. Sehr gute Englischkenntnisse sind eine Grundvoraussetzung bei der Auswahl des Standpersonals, um sicherzustellen, dass jeder Ansprechpartner am Stand, internationalen Interessenten Auskunft geben kann.

Kompetentes, selbstbewusstes Auftreten

Die Wirkung und Kompetenz die ausgestrahlt wird, hat ausschließlich mit Selbstbewusstsein zu tun. Ein kompetentes, selbstbewusstes Auftreten ist die Voraussetzung um sympathisch zu wirken!

Einen kompetenten Eindruck zu vermitteln und die Persönlichkeit zur Geltung zu bringen ist wesentlich für den Erfolg!

Das Selbstbewusstsein kann man unterstützen und fördern! Voraussetzung hierfür ist die gute Vorbereitung, denn diese gibt Sicherheit und sorgt damit für Wohlbefinden.

Setzen Sie ein Messetraining an, um die fachlichen Punkte, alle Abläufe und jeweiligen Zuständigkeiten zu besprechen und offene Fragen zu beantworten.

In einem Messeleitfaden oder Messehandbuch dokumentiert, geben diese Fakten zu jedem Zeitpunkt Sicherheit und Unterstützung.

Kompetenz und Selbstbewusstsein strahlt man aus, wenn man sich wohlfühlt in seiner Haut!

Alle folgenden Punkte fördern das Selbstbewusstsein:

- Fachkompetenz!
- gute Körperhaltung!

- gepflegtes Äußeres!

- angepasste Stimmlage!

- motivierende Gestik!

- Sozialkompetenz!

- Routine im Arbeitsfeld!

- Teamspirit!

Fast alles kann man vermitteln und trainieren!

Erzeugen Sie Sicherheit durch gute Vorbereitung und positives Feedback in einem Training, damit sorgen Sie für einen so wichtigen, selbstbewussten Auftritt!

Erster Eindruck

" Für den ersten Auftritt gibt es keine zweite Chance!

Diesen Satz sollen Sie sich beherzigen. Das Äußere der Standbesetzung beeinflusst ganz entscheidend!

Laut aktueller Studien sind fast 90% der Wirkung durch Körpersprache und Stimme beeinflusst.

Die Kommunikationswissenschaftler belegen die Wichtigkeit der ersten Sekunden. In dieser kurzen Zeitspanne haben Sie nicht die Möglichkeit verbindliche Worte zu sagen, also muss das

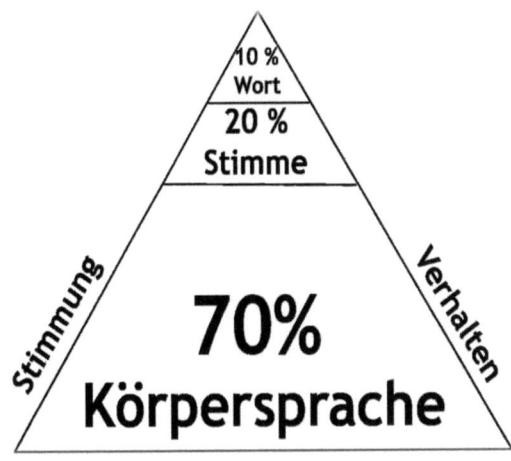

Erscheinungsbild attraktiv sein und der Stil die Persönlichkeit jedes Einzelnen unterstreichen.

Bei Befragungen wurden nach dem „ersten Eindruck" bereits folgende Charakter-Eigenschaften dem Gegenüber zugeordnet:

- sympathisch

- selbstbewusst

- arrogant

- furchteinflößend

- kollegial

- distanziert

- sachlich

- unsympathisch

- freundlich

- aufgeschlossen

- unnahbar

Wenn also Ihre Körpersprache und Stimme nicht eine positive Wirkung erzeugt, wird es schwer oder sogar unmöglich, den potentiellen Kunden zu überzeugen.

Wirkung schlägt Fachwissen!

Für den ersten Eindruck ist das Fachwissen nicht das entscheidende Kriterium!

Fachwissen

Ihre Standbesetzung muss alles in Bezug auf Produkte oder Dienstleistungen wissen. Dieses Wissen wird als Thema im Messetraining wiederholt, vertieft und Neuerungen werden vermittelt.

Oft vernachlässigt wird die Einarbeitung von aktuellen Marktanalysen. Mit Fakten belegbare Argumente sind unschlagbar.

Wenn Sie nicht nur mit Spezialisten in Geschäftsbeziehung stehen, prüfen Sie Ihre Fachausdrücke. Formulieren Sie alles so, als ob Sie sich mit einem Laien unterhalten.

Beispiel:
Bei Tee 6 angekommen, überlegte Frau Mustermann ob der Driver wirklich die beste Wahl ist. Die Entscheidung fiel auf das Holz 3, um das Rough zu meiden und vor dem frontalen Wasser zum Liegen zu kommen. Alles unter der Voraussetzung keinen Slice zu schlagen!
Alles klar?

Zum Fachwissen gehört auch die Kenntnis über die Merkmale der jeweiligen Zielgruppe für das Produkt bzw. die Dienstleistung.
Eine klare Beschreibung der Anwender ist wichtig, um durch entsprechende Nachfrage der wichtigen Kriterien bei den Messebesuchern, potentielle Kunden zu erkennen.

Dieser Punkt verhindert die lange Beschäftigung mit Neugierigen, zugunsten von echten Interessenten.

Die Erstellung von speziellen Messe-Unterlagen (Messeleitfaden/Messehandbuch) ist Pflicht. Alle Punkte gehören auf die Veranstaltung abgestimmt und trainiert.
Entsprechende vorhandene Unterlagen gehören angepasst, durchgesprochen und verinnerlicht!

> **Der gesamten Messemannschaft muss Fachwissen vermittelt werden!**

Es gibt keine Standardtrainings! Jedes Unternehmen, jede Branche und jede Messe verfügt über besondere Bedingungen.

Im Mittelpunkt stehen Ihre speziellen Zielsetzungen, Ihre Produkte und Ihre Unternehmensbotschaften!

Die explizite Kenntnis vom eigenen Angebot, auch im Vergleich zum Mitbewerber, soll jedem Firmenrepräsentanten bekannt sein.

Nichtwissen

Kein Problem wenn man es zugibt. Niemand kann alles wissen. Eine souveräne Reaktion ist aber nötig. Holen Sie den Fachmann dazu und veranlassen Sie diesen zur Beantwortung der Frage oder vereinbaren Sie einen Kontakt-Termin, um die geforderte oder benötigte Erklärung nachzureichen.

> *Keinesfalls:*
> *Falsche Informationen kommunizieren. Der Kunde merkt es sofort oder im Nachhinein immer!*

Kleidung

Kleidung ist Ausdruck unserer Persönlichkeit. Wir zeigen damit unsere Einstellung anderen Personen gegenüber. Kalkulieren Sie die möglichen Folgen solcher Signale ein, denn andere Menschen empfinden sich durch nicht situationsgerechte Kleidung

brüskiert – verletzt – verärgert – beleidigt – irritiert.

Nur wenige Menschen haben Verständnis für schlecht gekleidete Personen. Unterscheiden Sie, was Menschen öffentlich sagen, unter sich äußern oder was sie denken.

Nicht situationsgerechte Kleidung ist im Beruf karrierehemmend und für Ihren Messeauftritt nicht zielführend!

Kleiderauswahl muss immer den Erwartungen der Anderen entsprechen!

Es bleibt natürlich Ihnen überlassen, ob sich Ihre Standbesetzung in einheitlicher Kleidung präsentiert oder ob Sie die Kleidung freistellen.

Empfehlenswert ist zumindest ein auffälliges Accessoire, um die Zusammengehörigkeit nach außen zu dokumentieren!

Jedes gute Team zeigt den Gemeinschaftssinn und die Einheit durch gleiche Kleidungsmerkmale. Denken Sie an Fluglinien, Vereine, medizinisches Personal, Polizei usw.

- identisches Kostüm/Anzug!
- landestypische oder regionale Tracht!
- Jeans/Hose mit gleichem Polo/Hemd!
- einheitliches Halstuch!
- gleiche Krawatte!

Die erkennbare Zusammen- und Zugehörigkeit ist für die Messebesucher von Vorteil bei der Kontaktaufnahme!

Beachtenswerte Punkte:

- ➢ *Messekleidung soll in der richtigen Kleidergröße zur Verfügung stehen.*
- ➢ *Damen und Herren sollen gleichermaßen adrett aussehen.*

53

> *Alle Teilnehmer sollen authentisch und nicht verkleidet aussehen.*

> *Kleiden Sie auf alle Fälle Host/ess und Promotor/in einheitlich.*

Tipp:

o **Passen Sie Ihr Äußeres dem Publikum und dem Anlass der Messe an!**

o **Seien Sie nur eine Idee besser angezogen als der Durchschnitt des Publikums!**

o **Achten Sie auf die Schuhe! Zu schönsten Messekostümen, Messeanzügen oder anderen tollen Outfits gehören auch passende Schuhe!**

Gestik

Ihre Aussagen sollen und müssen Sie durch die entsprechende Gestik unterstreichen.

Die folgenden Grundregeln sollten Sie verinnerlichen. Grundsätzlich empfehle ich ein Rhetorik-Seminar um die Gestik zu üben bzw. ein Gefühl für den Einsatz zu bekommen. In aller Regel machen Sie es intuitiv richtig, nur zu reduziert.

Als Beispiel die folgenden Grundaussagen zur Gestik.

Gestik zu sich hin:

☺ Sympathie

☺ empfangend

☺ Zuneigung

Gestik von sich weg:

☹ Antipathie

☹ Zurückhaltung

☹ Distanz

Gestik nach oben:

☺ das Gute

☺ das Positive

☺ Dynamik

Gestik nach unten:

☹ das Niedrige

☹ das Böse

☹ Verzweiflung

Gesten sind Ausdruck von Emotionen. Damit unterstreichen Sie Ihre Glaubwürdigkeit!

Mimik

Die Mimik können Sie nur durch eine positive Grundeinstellung beeinflussen. Wenn Sie Ihre Mimik zu jeder Zeit perfekt einsetzen und steuern könnten, verdienten Sie Ihr Geld als Schauspieler.

Das Lächeln ist die Disziplin um Sympathien zu gewinnen!

Ein natürliches, aufgeschlossenes Lächeln ist der perfekte Türöffner. Seien Sie motiviert und freuen Sie sich auf Ihre Messetage. Damit sind und wirken Sie authentisch!

Tipp:

o   *verzichten Sie als Mann auf einen Bart. Er verdeckt Ihre Gesichtszüge und damit Ihre Mimik.*

Stimme

Natürlich gibt es ganz besonders schöne Stimmlagen mit einem ansprechenden Grundton. Aber jede Stimme ist durch ein wenig Training zu verbessern. Achten Sie auf folgende Punkte:

- ✓ Klare verständliche Stimme!

- ✓ Sprechtempo!

- ✓ Pausen!

Tipp:

- o *Sie können die 3 Punkte verbessern, indem Sie Gedichte, Songtexte oder berühmte Reden für sich selbst laut vorlesen und mit einer Tonaufnahme überprüfen!*

Dialekt ist kein Problem, wenn Sie verständlich sind. Die leichte Einfärbung der Sprache durch übliche regionale Betonung ist kein Problem bzw. sogar sympathisch. Regionale Ausdrücke sollten, genau wie Fachausdrücke, vermieden werden.

o *För veele Lüüd is Plattdütsch de beste Spraak um een Geschicht to vertellen!*

o *Ja wo san's denn, de lustign und de kreizfidelen Leit, und de Schneidign und de Räudign!*

o *Zahlt wead nix, aber skoscht au nix. Ond sAhgebot isch freibleibend!*

o *An wä kann ich mich wende, wann ich nit weiß wohin?*

o *Dan ho is besorcht! Dan ho i fatti gemachd! Dar baßt in kenn Schlabbn mähr!*

Alles klar?

Blickkontakt

Nutzen Sie jede Gelegenheit um mit Messebesuchern in Augenkontakt zu kommen. Gilt als Demonstration von Ehrlichkeit.

Ist wichtig, wenn Sie überzeugen wollen.

Zeigt:

- ✓ *Aufmerksamkeit*
- ✓ *Selbstsicherheit*
- ✓ *Offenheit*
- ✓ *Respekt*

Die Augen gelten als Fenster zur Seele. Wer seinem Gegenüber offen und ruhig ins Gesicht schaut, weckt dessen Vertrauen. Im Gespräch wird dadurch Respekt und Interesse signalisiert.

> *Wenn Sie jemanden von Ihrem Produkt oder Ihrer Dienstleistung überzeugen wollen, wird Ihnen das nicht ohne Augenkontakt gelingen!*

Distanzzonen

Die Einhaltung der Distanzzonen sollten Sie beachten.

Manche Menschen reagieren sehr sensibel auf Nähe. Es gibt einen Unterschied in der Reaktion auf Annäherung zwischen introvertierten Besuchern, die das sehr unangenehm empfinden und extrovertierten Menschen, die damit kaum Probleme haben.

Auf einer Messe sollten Sie sich an die allgemein gültigen Regeln halten, dann sind Sie auf der sicheren Seite.

Extrovertierte Menschen tendieren häufig dazu, in die Sicherheitszone des Anderen einzutreten oder diesen sogar zu berühren. Darum sollen besonders extrovertierte Mitarbeiter am Messestand darauf achten, den Abstand zu interessierten Besuchern einzuhalten und nicht auf Tuchfühlung zu gehen.

Die Distanzzonen werden wie folgt definiert:

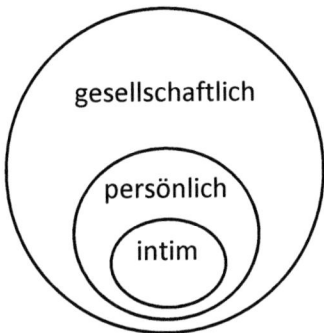

Die intime Distanz entspricht ca. 50 cm um den Körper.

> **Die persönliche Distanz -*Gesprächsdistanz*-**
> **entspricht 50cm bis ca. 100 cm um die Person.**

Die gesellschaftliche Distanz entspricht > 100 bis 300 cm.

Fehler bei der Körpersprache

Immer wieder wird der Kontakt zum Besucher durch Fehler in der Körpersprache beeinflusst. Diese non-verbalen Zeichen entscheiden sehr stark Ihren

Auftritt. Vermeiden sie folgende Punkte, bzw. beobachten und verbessern Sie sich gegenseitig auf dem Messestand.

Beispiele:

- Hände, bzw. Hand in der Tasche

- Hände in der Seite / auf dem Rücken

- Arme verschränken

- Zeigefinger- oder Stiftgesten

- falsches sitzen (breitbeinig)

- abgewandte Körperhaltung

- Gesicht abgewandt / kein Blickkontakt

- zu hastige Gesten / zu viele Gesten

- Anlehnen oder Festhalten an Gegenständen

- zu schnelles sprechen

- unsicherer Stand (einbeinig)

- Gestik unter oder um die Gürtellinie

- Kugelschreiber klicken

- Spielen mit Gegenständen

Sympathie gewinnen ist das Ziel!

Namensschild

Pflicht ist das Tragen eines Namensschildes. Die guten Umgangsformen schreiben vor, seine Gesprächspartner mit Namen anzusprechen. Machen Sie es Ihren Messegästen einfach und planen Sie ein entsprechendes Schild mit Ihrem Namen und Ihrem Corporate Design zur Messe.

Hier soll und darf es nur einen einheitlichen Auftritt geben!

Neben CD, Vornamen und Namen ist auch die Funktion unbedingt aufzuführen!

Alles weitere wie Adresse, Telefonnummer oder ähnliches können Sie weglassen. Diese Daten geben Sie bei Bedarf in Form einer Visitenkarte weiter!

Ein no-go ist die Visitenkarte in einer Plastikhülle. Leider immer noch weit verbreitet. Die Schrift ist in der Regel viel zu klein und es sind zu viele unnötige Informationen vorhanden.

Tipp:
Planen Sie immer mindestens 1– 2 Ersatz-Namensschildern pro Person.

Rahmenbedingungen schaffen

Die Messe ist ein besonderer Ort. Hektik, ein hoher
Geräuschpegel, viele Menschen und schlechte Luft
kennzeichnen jede Ausstellung. Dennoch das
Reagieren auf Besucher, muss schnell und effektiv
erfolgen!

Dies ist einfach, wenn jeder seine Aufgaben kennt.

Stellen Sie Regeln auf!

Klare Zuständigkeiten erleichtern den Tagesablauf.

Beispiel:

- *Standverantwortlichkeit*

- *Pausenregelung*

- *Zeitplan für jeden Einzelnen*

- *Essen und Trinken am Stand*

- *tägliche Messevorbesprechung*

- *tägliche Messenachbesprechung*

- *Sauberkeit*

- *Auffüllen der Unterlagen*
- *Bewirtung Kunden*
- ....

Einsatzplan

Erstellen Sie einen Einsatzplan. Alle Beteiligten sollen wissen, wann welche Kollegen auf dem Messestand präsent sind. Diese Arbeits- und Anwesenheitszeiten können Sie mit den zu verteilenden Aufgaben kombinieren.

Sorgen Sie für die allgemeine Zugänglichkeit des Einsatzplanes. Messebesucher fragen gezielt nach bekannten Personen oder suchen auf der Standbesetzungsliste nach Ihrem Ansprechpartner.

Kompetente Auskunft wird erwartet, dabei ist es wichtig zu wissen, ob z.B. Frau Mustermann heute am Stand ist oder ob Frau Mustermann am Dienstag und Mittwoch anwesend ist.

Die Ausstattung des Einsatzplanes mit Fotos der Standmitarbeiter ist modern und vereinfacht die Zuordnung!

So weiß man, wie Frau Mustermann aussieht, wenn diese am Stand ist!

Der Einsatzplan sollte mindestens Tageweise geplant und erstellt werden. Bei entsprechenden Aktionen, Vor- oder Nachbereitungsarbeiten bietet sich sogar ein Stundenplan an.

Abschreckende Verhaltensweisen

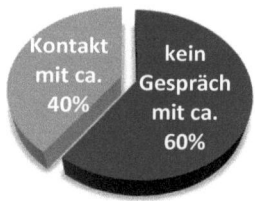

Die Statistik besagt, dass mit fast 60% der Standbesuchern kein Gespräch geführt wird!

Alle Besuchergruppen mit sicher potentiellen Kunden, werden abgeschreckt durch falsche Verhaltensweisen.

Ein paar beispielhafte Begebenheiten, die auf jeder Messe zu beobachten sind:

- Der Messegast betritt einen Messestand und das ganze Standpersonal ist in Gespräche vertieft. Leider nicht mit Besuchern, sondern mit Kollegen!

- Auf den wenigen Sitzgelegenheiten die der Interessent gerne nutzen würde, (seit 5 Stunden laufend über die Messe), ruhen sich die Standmitarbeiter aus!

- Der Kunde möchte einen bestimmten Mitarbeiter sprechen und auf der Standpersonalliste nachlesen oder an der Information nachfragen, es gibt beides nicht!

- Messebesucher werden von hinten angesprochen!

- Das Smartphone lenkt alles Interesse auf sich!

- Ein Standmitarbeiter stürmt auf den Besucher zu, den Notizblock in der Hand!

- Ein Interessent wird nicht angesprochen, ja bewusst übersehen bzw. ignoriert.

- Der Besucher hört zum x-ten Mal „Kann ich Ihnen helfen! Dann hören Sie sicher: „ Wir wollen nur mal schauen....!

- Der Interessent gibt seine Visitenkarte ab, um weitere Informationen zu erhalten. Er erhält diese erst Monate später oder gar nicht vom Unternehmen.

Kommunikation

Kommunikation ist schwierig! Folgende Aussagen von Konrad Lorenz (Verhaltensforscher) treffen es genau:

> *Gesagt bedeutet noch lange nicht gehört*

> *Gehört bedeutet noch lange nicht verstanden*

> *Verstanden bedeutet noch lange nicht einverstanden*

> *Einverstanden bedeutet noch lange nicht behalten*

> *Behalten bedeutet noch lange nicht angewandt*

Es hilft nur, seine Botschaften möglichst

klar und eindeutig

zu formulieren.

> *Entscheidend ist nicht was Sie sagen, sondern was beim Zuhörer ankommt bzw. verstanden wird!*

Die Fakten und Argumente soll man durch entsprechende Nachfrage, auf die Verständlichkeit prüfen und wenn nötig wiederholen oder präzisieren.

Präzise Formulierungen

Zu den Grundregeln der guten Kommunikation gehört das präzise Formulieren. Prüfen Sie in einem Messetraining die Aussagekraft Ihrer Argumente.

Beispiele:

Nicht	*Sondern*
Kürzlich	*gestern*
Mehrfach	*zu 70%*

Hauptsächlich	*viermal*
in den nächsten Tagen	*spätestens Freitag*
selten	*in einem von 10 Fällen*
langlebig	*mit 1 Jahr Garantie*
ein Kunde von uns	*die Firma Müller*
………..	………

Kontaktaufnahme

Der Messebesucher sendet klare Botschaften aus,
wenn ein Interesse vorhanden ist. Erkennbar an
folgenden Kriterien:

- ✓ **bittet um Information**
- ✓ **greift nach Prospekten**
- ✓ **hat Prospekte vom Mitbewerber bei sich**
- ✓ **setzt seine Brille auf**
- ✓ **notiert sich etwas**

✓ kommt bereits ein zweites Mal

✓ sucht Augenkontakt

➤ *Diese Zeichen müssen Sie dazu veranlassen, den Interessenten aktiv anzusprechen und ein qualifiziertes Gespräch zu führen.*

Mit folgenden Kontaktbrücken:

- *ehrliches freundliches Lächeln!*

- *ohne Vorurteil!*

- *Nichts ist gerade wichtiger als „SIE"(lieber Kunde)!*

Übernehmen Sie die Initiative und agieren Sie!
Überlassen Sie das Reagieren den Anderen!

Gesprächsleitfaden

Durch die Gespräche am Messestand wird das Kundenbedürfnis ermittelt und kann damit sofort oder in der Nachbereitungsphase mit einem konkreten Angebot beantwortet werden.

Folgende vier Punkte werden eingesetzt und sind die einfache Grundlage für jedes Messegespräch.

1. **<u>Kontaktphase =</u>** <u>Interessierte Besucher ansprechen</u>

„ *Willkommen bei* …..

„ *Darf ich mich vorstellen*….

„ *Ich sehe Sie interessieren sich für*….

„ *Wie darf ich Sie ansprechen*…

2. **<u>Informationsphase =</u>** <u>Bedarfssituation analysieren</u>

„ *Woran sind Sie besonders interessiert?*

„ *Für welchen Bedarf*……

„ *Wie schnell*…

„ *Lösung bisher*…..

„ *Wer entscheidet*….

3. Überzeugungsphase = Vertrauen aufbauen

„ Die Vorteile für Sie…

„ Sie können sicher sein…

„ Sind Sie auch der Meinung…

„ Gratuliere Ihnen …

4. Abschlussphase = konkrete Maßnahmen

„ Kontakt bis…

„ Angebot bis…

„ Unterlagen bis…

„ Muster bis…

Diese Phasen sollen durch Übung, insbesondere bei sonst nicht im Vertrieb tätigen Mitarbeitern, immer angewandt und durchlaufen werden!

Die 4 Phasen vermeiden Missverständnisse und konkretisieren das Gesagte für Anbieter und Kunden!

Offene weiterführende Fragen

In der Informationsphase sollen Sie durch offene
weiterführende Fragen, die konkreten Bedürfnisse
herausfinden. Durch diese Fragetechnik können Sie
„die Spreu vom Weizen trennen". Wichtig um die
Zeitressourcen richtig einzusetzen.

Beispiele:

✓ Welche wichtigen Aspekte sollten wir ansprechen?

✓ Welche Probleme und Hindernisse müssen noch
gelöst/beseitigt werden?

✓ Welche Vor- und Nachteile hätte diese Lösung?

✓ Was haben Sie bisher schon unternommen?

✓ Welche weiteren Schritte sind denkbar?

✓ Wo stehen wir jetzt?

✓ Wie wollen Sie jetzt weiter vorgehen?

✓ Wie sehen Sie die finanzielle, zeitliche, technische
Bedeutung?

✓ Von welchen Voraussetzungen gehen Sie aus?

✓ Welches konkrete Ziel wollen Sie jetzt ansteuern?

Geschlossene Entscheidungsfragen

Sie beenden die Überzeugungsphase mit
geschlossenen Entscheidungsfragen. Damit können
Sie in die Abschlussphase überleiten.

Beispiele:

✓ Stimmen Sie dem zu?

✓ Können wir diesen Punkt abschließen?

✓ Sind wir einer Meinung?

✓ Hilft uns das jetzt weiter?

✓ Sollen wir das so als Ergebnis festhalten?

✓ Für welche Lösung haben Sie sich entscheiden?

✓ Sind Sie mit dieser Maßnahme einverstanden?

✓ Hat sich dieser Punkt erledigt?

Produktpräsentation

Die professionelle Produktpräsentation gehört im
Messetraining geübt. Die Einsatzmöglichkeiten des
Produktes oder der Dienstleistung für entsprechende

Zielgruppen sind bei der Entwicklung bereits definiert worden. Jetzt müssen diese Begründungen in einer schlüssigen Argumentationskette aufbereitet werden.

Achten Sie auf die Vermeidung von zu vielen Fachausdrücken oder Fremdworten. Sie sollen keinen Fachvortrag halten, sondern Vertrauen aufbauen und Kundennutzen aufzeigen.

Der Kundennutzen immer als Anker. Auf der Messe können Sie durch Nachfrage, den Interessenten sofort zu einem Statement veranlassen.

Wichtig ist die schriftliche Dokumentation der Kundenmeinung. Nach vielen Messegesprächen ist es sonst kaum möglich, alle positiven Details für und eventuelle Einwände gegen Ihr Produkt oder Ihre Dienstleistung noch zu wissen.

Unzufriedene Kunden

Grundsätzlich ist auch ein unzufriedener Kunde ein guter Kunde. Die Beschwerde ist in der Regel ein Zeichen dafür, die Geschäftsbeziehung aufrecht-erhalten zu wollen!

Wenn von unzufriedenen Kunden gesprochen wird, meint man Kunden, die sich beschweren. Diese haben ein subjektives Problem mit einem Produkt oder einer Dienstleistung und möchten eine Lösung Ihres Problems. Hier wird nicht auf die Sonderform der Beschwerde, die Reklamation eingegangen, da diese einen Rechtsanspruch hat.

Nehmen Sie jede Beschwerde ernst.

> *Trainieren Sie das Zuhören, es ist eine nicht selbstverständliche Kompetenz!*

Nachdem Ihr Kunde sein Problem dargelegt hat, sollten Sie die Fakten zu Papier bringen.

Dies ist sehr wichtig, da die schriftliche Erfassung Verbindlichkeit erzeugt und sich der Kunde ernstgenommen fühlt.

Gehen Sie nach folgendem Schema vor:

1. Entschuldigen Sie sich!
2. Äußern Sie Verständnis!
3. Analysieren Sie das Problem sachlich!
4. Legen Sie die weitere Vorgehensweise fest!

5. Fassen Sie zusammen und holen Sie sich
    Zustimmung!

Wenn die Zustimmung erfolgt, werden sie einen
zufriedenen Kunden haben, wenn nicht, sollten Sie
sooft bei Punkt 1 beginnen, bis die Beschwerde zur
Zufriedenheit gelöst ist. Durch Einhaltung dieses
einfachen Schemas, lösen Sie in der Regel alle
Beschwerden mit System.

Dominante Kunden

Diese Kunden sind scharfsinnig und unterbrechen
gerne jegliche Argumentation. Durch forsches
Auftreten und unnötige Diskussionen provozieren Sie
gerne. Dabei hören die dominanten Kunden ungern
zu und vertragen keine Kritik.

Sie gewinnen dominanzorientierten Kunden
erfolgreich, wenn Sie cool bleiben.

Wichtige Punkte:

- *Diskussionen vermeiden!*
- *Zusagen strikt einhalten!*

- *Angriffe humorvoll erwidern*

- *schlagfertig parieren*

- *fiese Spitzen einfach ignorieren*

Sachorientierte Kunden

Nur an knappen und genauen Daten interessiert, so präsentiert sich der sachorientierte Kunde. Durch die rationale Sichtweise und das analytisches Denken wirken diese etwas steif, aber sie kommen schnell auf den Punkt. Trotzdem Bedarf es Geduld, da sie sich nicht gern drängen lassen.

Folgende Ratschläge sollten Sie bei sachorientierten Kunden beachten.

Wichtige Punkte:

- *sachliche Argumente*

- *Kundennutzen in den Mittelpunkt stellen*

- *Zeit für Entscheidungsfindung geben*

- *Nachfragen*

- *persönliche/private Dinge vermeiden*

Besserwisser, Nörgler

Wenn ein Messebesucher zu jedem Thema etwas sagen kann und immer ein Haar in der Suppe findet, hat man den Besserwisser bzw. Nörgler vor sich. Nehmen Sie es nicht persönlich, diese Spezies ist mit allem und jedem unzufrieden. Überall Probleme zu sehen und wenig Kompromissfähigkeit ist der Wesenszug der Nörgler.

Besserwisser und Nörgler erfordern gute Nerven und Ausdauer.

Wichtige Punkte:

- *Der "Experte" darf der Kunde sein*
- *Einwände wiederholen und begründen lassen*
- *Alternativvorschläge erfragen*
- *Geduldig jedes „Ja, aber…" beantworten*

Unterhalter

Sie gehören einfach dazu. Die sogenannten Unterhalter, die in Ihrer Informationslust kaum zu bremsen sind. Es findet eher ein Monolog als ein Dialog statt. Diese Kunden legen viel Wert auf Aufmerksamkeit und Anerkennung der anderen und sind dabei begeisterungsfähig und kreativ.

Geben Sie den geborenen Optimisten eine Bühne.

Wichtige Punkte:

- *echtes Interesse zeigen*
- *immer neue Impulse geben, nicht langweilen*
- *Humor und Charme kommt gut an*
- *Monologe unterbrechen und zusammenfassen*
- *Geschlossene Fragen stellen*

Unentschlossene, wortkarge Kunden

Die mit größte Herausforderung sind die unentschlossenen oder wortkargen Messebesucher. Diese Rücken nicht mit der Sprache raus und geben die Informationen nur nach und nach preis. Die Unentschlossenen wirken meist auch unsicher oder unwillig.

Schwierig ist herauszufinden ob ein wortkarger Kunde nicht darf, nicht kann oder nicht will.

Um trotzdem eine Entscheidung zu bekommen, folgende Tipps.

Wichtige Punkte:

- *Geschlossene Fragen stellen.(ja/nein)*
- *Zustimmung formulieren und einholen*
- *Schweigepausen ertragen*
- *Geduld haben*
- *Argumente widerholen*
- *feinfühlig sein*

Beziehungsorientierte Kunden

Die supernetten Messebesucher nennt man beziehungsorientiert. Diese legen Wert auf angenehme und wohlwollende Atmosphäre, kommunizieren gerne mit einer lebhaften Gestik. Das große Plus ist die Vermeidung von Konflikten und direkter Konfrontation.

Diese Teamplayer und intuitive Menschen gewinnen Sie mit Einfühlungsvermögen.

Wichtige Punkte:

- *Argumentieren Sie mit Ich-Botschaften*
- *Komplimente einstreuen*
- *Komplimente annehmen*
- *Kunden-Nutzen auch emotional begründen*

Nachbearbeitung

„Nach dem Spiel ist vor dem Spiel."

Gerade nach einer Messe ist Schnelligkeit gefragt!
Laut Statistik hat jeder 2. Besucher nie wieder etwas
von einem Aussteller gehört! Das bedeutet im
Umkehrschluss, dass 50% der Chancen auf ein
Neugeschäft nicht genutzt werden.

Hier ist es ein leichtes Gegenzusteuern. Eine gut
geplante und termingerechte Nachbereitung gehört im
Vorfeld organisiert.

Der Aufwand ist nicht zu unterschätzen und die
nötigen Ressourcen müssen zur Verfügung stehen.

Die Basis ist die Auswertung der gesammelten
Messekontakte, denn wie bereits am Anfang des

Buches dokumentiert, kommen nur 7% der Messebesucher mit einem konkretem Kauf –oder Vertragswunsch. Von den restlichen 93% der Messebesucher entscheidet sich ein interessierter Teil für ein Produkt oder eine Leistung erst nach der Messe.

Nur über eine zeitnahe Bearbeitung kann ein Wettbewerbsvorteil und eine entsprechende Zielerreichen ermöglicht werden.

Umsetzungsplan:

- ✓ Setzen Sie ganz enge zeitliche Vorgaben für die Nachbearbeitung!
- ✓ Klare Aufteilung der Zuständigkeiten!
- ✓ Nutzen Sie die aktuellen, neuen Eindrücke bei Ihren Besuchern, um eine Entscheidung zu Ihren Gunsten zubekommen.

Empfehlung:

- *Innerhalb einer Woche nach Messeende sollen alle potentiellen Kunden von Ihnen kontaktiert werden!*
- *Geben Sie durch Ihre Schnelligkeit entsprechende Entscheidungshilfen.*

- *Organisieren Sie die Bearbeitung schon während der Messe.*

- *Kundendaten/Kontaktbogen auf der Messe in eine entsprechende Datei eingeben. (Rücksprache mit dem Gesprächsführer möglich)*

- *Versand von Informationen, Katalogen oder Mustern jeden Messetag(über Zentrale) veranlassen. Den Hinweis auf die Messe nicht vergessen.*

- *Musteranschreiben oder einzelne Textpassagen formulieren und bereitstellen.*

- *Muster-Mail*

- *häufig hilft es schon, eine Dankes-Email zu versenden, in dem*

- *ein Zeitfenster für die Bearbeitung der Anfrage genannt wird.*

Messeanalyse

Durch Unterteilung nach Messetagen und Mitarbeiter kann jeder Messetag analysiert werden.

Die Erreichung der vorgegebenen Ziele, kann somit unmittelbar in einzelnen und nachvollziehbaren Teilabschnitten überprüft werden. Durch vollständig ausgefüllte Kontaktbögen kann die Messe auch qualitativ ausgewertet werden.

Nicht nur Umsatz-Ziele sind das Maß aller Dinge.

Neben dem Abverkauf sind weitere Ziele, wie die Anzahl der potentiellen Neukunden, die Produktvorstellung oder die Kundenbindung weitere Meilensteine, die mit einer Messeteilnahme erreicht werden sollen.

Die Nachbereitungsphase dient auch dazu, diese Zielerreichung zu kontrollieren.

Animieren Sie Ihren Besucher die Meinung über den Messestand oder ein Produkt auszusprechen oder aufzuschreiben.

Durch die Sammlung von positiven oder negativen Stimmen zu einem Neuprodukt oder einer neuen Dienstleistung, können Sie dieses entsprechend anpassen, verändern oder geeignete Marketing-Maßnahmen setzen.

Nutzen Sie die Messetage auch, um die Meinungen und Eindrücke Ihrer Kunden über das Image und die Außendarstellung Ihres Unternehmens einzuholen.

Dies alles ist Grundlage für die Bewertung der Messe und der Festlegung von künftigen Zielen.

Zudem bildet die Auswertung der Messekontakte die Basis für künftige Planungen.

Produkte, Dienstleistungen, Standanpassungen, Werbemaßnahmen, Kundeneinladungen, Werbe-geschenke, Aktionen, Trainings, notwendiger Personaleinsatz, ……….. kann so geplant werden.

Zugabe

Kontaktbogen

Der Kontaktbogen hat eine wichtige Funktion. Hier ein Muster mit vielen Punkten, die Sie beachten und auf Ihre Anforderungen hin anpassen sollen.

Legen Sie fest, welche Punkte Soll-Informationen sind und welche Punkte Kann-Informationen sind.

XY - Messe

Berater(-Kürzel):   …..

Messetag:

Samstag	Sonntag	Montag	Dienstag	Mittwoch
3. April	4. April	5. April	6. April	7. April

Besucher

- Name: …..
- Vorname: …..
- Funktionsbereich: …..
- Firma: …..
- Strasse: …..
- PLZ: …..
- Ort: …..
- E-Mail: …..

- Telefonnummer: …..
- Land: …..
- Uhrzeit: :   …..

Zielgruppenanalyse:
- Produkt/Dienstleistung für
- Bedarf:
- Bisherige Lösung:
- Motivation:
- …

Interesse an:
- Geschäftsbereich/Produkt:
- Geschäftsbereich/Dienstleistung:
- Sortiment:
- …
- …

Gesprächsnotiz
- Produkt vorgestellt
- Dienstleistung besprochen
- Unterlagen besprochen und überreicht
- Muster überreicht
- Messeangebot besprochen
- …
- …

Auftrag
- Artikel oder Dienstleistung

- Menge/Preis
- Liefertermin

To Do`s

- Katalog zusenden
- Anmeldung zum Newsletter
- telefonische Nachbetreuung in Kalenderwoche …
- Angebot schreiben bis zum …
- Persönlichen Termin vereinbaren in Kalenderwoche …/oder Datum…

Zusatzinfo

- Meinung zum Neuprodukt
- Meinung zum Produkt/Dienstleistung
- Eindruck Messeauftritt
- Eindruck Unternehmen
- Lob
- Zu verbessern

Tipp:

*Drucken Sie den Kontaktbogen auf durchschreibbares Papier!
So können Sie einen Bogen zur Erfassung und Auswertung
nutzen, den Durchschlag sofort an die Zuständigen weitergeben.*

Messetraining

Folgende Punkte sollen kommuniziert und/oder erarbeitet werden. Das Training und Analysieren von Kundenansprache, Präsentation und Argumenten gehört dazu. Vergessen Sie nicht an teambildende Maßnahmen zu denken.

Natürlich übernimmt ein professionelles Messetraining, abgestimmt auf Ihre Anforderungen und Bedürfnisse, die optimale Vorbereitung.

- Messeziel

- Einsatzplan

- Zuständigkeiten

- Messestand

- Neuerungen

- Produktvorstellung

- Messeunterlagen

- Zielgruppe/n

- Fachwissen

- Teambildungsmaßnahme

- Besucheransprache

- Präzise Formulierung

- Beschwerdemanagement

- Kleidungsvorschrift

- Gebote und Verbote

- Interner Wettbewerb

- Beschwerdemanagement

Aktualisierung und Ergänzungen möglich!

Gesprächsphasen

Kontaktphase = Interessierte Besucher ansprechen

Informationsphase= Bedarfsituation analysieren

Überzeugungsphase = Vertrauen aufbauen

Abschlussphase = konkrete Maßnahmen

Fragen – die weiterhelfen!

Die folgende Auflistung zeigt Fragen mit den dazugehörigen, wirklichen Botschaften.

> *Was würden Sie machen, wenn…?*

Bringt jemanden über den Istzustand hinaus zu denken.

> *Auf einer Skala von 1 bis 10…?*

Versucht Emotionen zu objektivieren.

> *Was kann ich tun, um Sie…?*

Demonstriert Verhandlungsbereitschaft und schafft Optionen.

> *Was können WIR tun, um…?*

Verbindet.

> *Was können wir jetzt tun…?*

Führt zu unmittelbaren Lösungen.

> *Was sind die größten Herausforderungen…?*

Identifiziert Grenzen.

> *Sie wollen also sagen…?*

Hinterfragt Sprachschlamperei oder gar Verschleierungsversuche.

> *Würden Sie dem zustimmen…?*

Testet die Grenzen des anderen.

> *Erinnern Sie sich an…?*

Prüft das Gedächtnis, aber auch die Fähigkeit Analogien zu erkennen.

> *Haben Sie auch daran gedacht, dass….?*

Eine Suggestivfrage, die eher nach Rat als nach Belehrung klingt.

> *Haben Sie daran gedacht, dass…?*

Wenger suggestiv, regt dafür mehr zum Denken an.

> *Wie würden Sie das messen…?*

Bemüht sich um Objektivität und fokussiert auf nachprüfbare Fakten.

> *Welche Alternativen haben wir…?*

Ermutigt zu grenzenlosen Gedanken und offener Diskussion.

➤ *Wie passt das zu…?*

Fokussiert auf den roten Faden und wichtige Synergien.

➤ *Wie lange wird das dauern…?*

Klärt wichtige Spezifikationen.

➤ *Wie viele Leute werden wir dafür brauchen…?*

Klärt wichtige Spezifikationen.

➤ *Wer stimmt dem zu…?*

Klärt das Ausmaß des Interesses an einer Sache.

➤ *Haben Sie gefragt, dass…?*

Hinterfragt die Fragen des anderen.

➤ *Haben wir noch etwas vergessen…?*

Sucht nach neuen Fragen.

Rhetorische Kompetenz

Die aufgeführten Punkte helfen, freundlich und kompetent zu wirken.

- Höflichkeit
  - o Verwenden Sie oft „Bitte" und „Danke"
- Fachwörter vermeiden
  - o Vereinfachen Sie Ihre Sprache, um auch für Nichtfachleute verständlich zu sein.
- Namen
  - o Sprechen Sie Ihren Interessenten sooft als möglich mit Namen an.
- Fragetechnik
  - o Nutzen Sie offene weiterführende Fragen.
- Aussagen
  - o Setzen Sie Aussagen gezielt ein. Weniger verspricht mehr Erfolg.
- Übertreibung
  - o Achten Sie darauf nicht zu über- oder untertreiben, gibt das Gefühl nicht ernstgenommen zu werden.
- Augenkontakt
  - o Suchen Sie den Blickkontakt, damit wirken Sie kompetent und überzeugend.

Kaufmotive

Die Gründe für die Entscheidung zu Ihren Gunsten zu kennen, ist schon fast ein Auftrag. Jeder Messebesucher ist einer Motiv-Gruppe zuzuordnen. Wenn Sie dieses Kaufmotiv bzw. die Beweggründe erkennen und erfragen haben Sie die besten Karten.

Motiv 1   *Geld verdienen*
                                           Geld sparen

Reaktion:

- Kosten-Nutzen-Vergleiche aufstellen!

- mögliche Einsparungen durch die Neuanschaffung ausrechnen!

- Beitrag zur Wertschaffung/-erhaltung bestehender Objekte betonen!

Motiv 2   *Sicherheit*
Zuverlässigkeit

Reaktion:

- auf Referenzen und Stimmen zufriedener Kunden verweisen!
- Garantien geben!
- 100% Einhaltung von Vorschriften und Normen versprechen!
- persönlich für Qualität einstehen!

Motiv 3   *Bequemlichkeit*
Komfort

Reaktion:

- Vorschläge fertig ausarbeiten und zur Auswahl unterbreiten!
- "Alles aus einer Hand"-Service bieten!
- zusätzliche Serviceleistungen (Wartung, Einbau, Entsorgung)!

Motiv 4   *"In" sein wollen*
Abwechslung, Neugier

Reaktion:

- technische Neuerungen zeigen!
- auf Trends hinweisen (Farben, Materialien und Design!)
- Studien und Dokumentationsmaterial zum Lesen mitgeben!
- Kunden selbst etwas ausprobieren lassen!

Motiv 5   *Zugehörigkeit*
menschliche Zuwendung erfahren

Reaktion:

- Interesse am Messekunden zeigen!
- offene Fragen stellen und aufmerksam zuhören!
- sich Zeit nehmen!
- Kundenbesuch anbieten!

Motiv 6   *Anerkennung*
Selbstdarstellung

Reaktion:

- stellen Sie die Exklusivität Ihres
  Produkts/Dienstleistung heraus!
- loben Sie den guten Geschmack des Gastes!
- eine bevorzugte Behandlung!

Motiv 7   *Selbstverwirklichung*

Reaktion:

- die Individualität hervorheben!
- Leistungen in der Argumentation an den
  Geschmack des Kunden anpassen!
- den Kunden in die Produktentwicklung oder
  Gestaltung mit einbeziehen(z.B. Anregungen
  einholen, Erstmuster präsentieren)!

Ziele

Grundregeln für Messeziele:

- ✓ **Zuständigkeit festlegen.**

- ✓ **Zeit nehmen für Zielvereinbarung und Zielformulierung.**

- ✓ **Realistische Ziele formulieren**

- ✓ **Positive Ziele formulieren**

- ✓ **Herausfordernde Ziele formulieren**

- ✓ **Zwischenziele formulieren**

- ✓ **Ziele mit Prioritäten versehen**

- ✓ **Ziele und Maßnahmen täglich besprechen**

- ✓ **Konkrete Maßnahmen formulieren**

Beschwerden

Gehen Sie nach folgendem Schema vor:

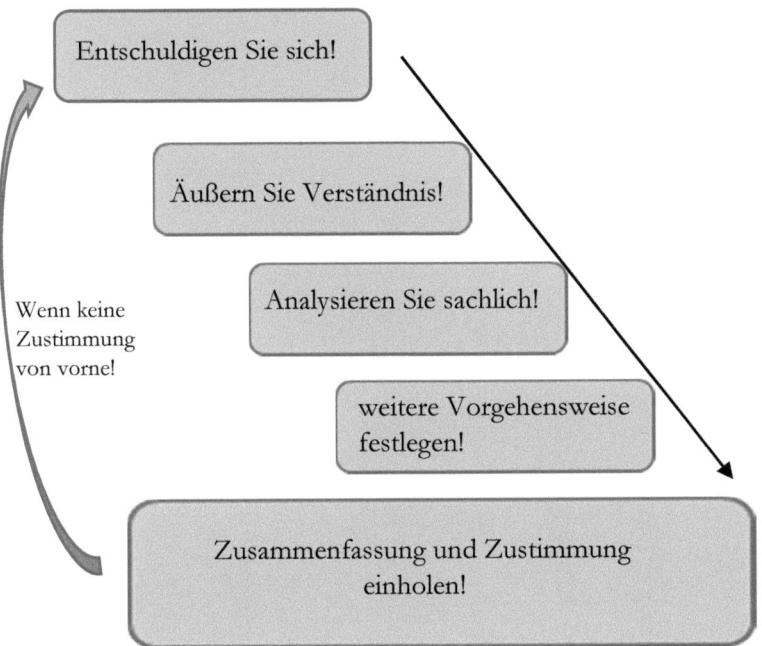

Wenn Sie ein professionelles Messetraining planen kontaktieren Sie uns.

info@premiumseminare.de

Wir veranstalten Messetrainings mit folgenden Regeln:

- Zeitnah zur Messe/Veranstaltung
- Spezialisiert auf Ihre Anforderung
- für die gesamte Standbesetzung
- auf Wunsch auch Messestand-Coaching

Die Durchführung erfolgt in einem 4 Phasen Training

- Einstimmung mit Sensibilisierung
- Workshop
- Training – Übungsphase
- Teambildung

PremiumSeminare & PremiumCoaching konzipiert speziell auf die Bedürfnisse Ihrer Kunden und Seminarteilnehmer maßgeschneiderte Lösungen.

Wir kennen alle Anforderungen für die berufliche und persönliche Entwicklung innerhalb eines Unternehmens und vermitteln immer aktuell, kurzweilig, verständlich und praxisorientiert.

Das sind unsere Daten

- über 2000 durchgeführte Seminare

- über 30.000 Seminarteilnehmer

- vom Einzelcoaching über Kleingruppen bis zu 800 Teilnehmern.

Unsere aktuellen Themen für Schulungen und Coaching finden Sie auf unserer Web-Seite.

www.premiumseminare.de